Inhalt

Von der Notwendigkeit des Übens

1. Tag: Addieren (Flottes Kopfrechnen zum Aufwärmen)
2. Tag: Schriftliches Addieren
3. Tag: Übungen zum schriftlichen Addieren
4. Tag: Subtrahieren (Flottes Kopfrechnen zum Aufwärmen)
5. Tag: Schriftliches Subtrahieren
6. Tag: Übungen zum schriftlichen Subtrahieren
7. Tag: Mit großen Zahlen vertraut werden
8. Tag: Üben und Wiederholen
9. Tag: Dezimalzahlen addieren
10. Tag: Rechnen mit Geld
11. Tag: Malnehmen (Aufgaben zum Warmwerden)
12. Tag: Schriftliches Malnehmen (Die Quersummenprobe)
13. Tag: Schriftliches Malnehmen (Mehrstelliger Multiplikator)
14. Tag: Multiplizieren mit Nullen
15. Tag: Multiplizieren von Dezimalzahlen
16. Tag: Teilen (Aufgaben zum Warmwerden)
17. Tag: Schriftliches Teilen ohne Rest
18. Tag: Schriftliches Teilen mit Rest
19. Tag: Teilen von Dezimalzahlen
20. Tag: Teilen (Ein Kniff und verschiedene Aufgaben)
21. Tag: Malnehmen und Teilen (Textaufgaben)
22. Tag: Allerlei Kopfübungen
23. Tag: Wiederholungsaufgaben (Addieren und Subtrahieren)
24. Tag: Wiederholungsaufgaben (Multiplizieren und Dividieren)
25. Tag: Aufgaben für das Mathe-Diplom

Die Beherrschung der Grundrechenarten bildet die unverzichtbare Basis für die höhere Mathematik. Dabei hilft nur eines: üben! Mit diesem Heft wird die Rechentechnik der Grundrechenarten trainiert – für ablenkende Spielchen nehmen wir uns keine Zeit, denn nach 25 Tagen soll der Schüler den Auffrischungs- und Übungskurs mit Erfolg hinter sich gebracht haben.

Während der Vorbereitungen für diesen Band stießen wir auf ein altes Rechenbuch aus der eigenen Schulzeit und waren erstaunt darüber, welche Vielfalt an Übungen darin auf relativ wenigen Seiten angeboten wurde. Das machte neugierig, und wir blätterten auch in anderen alten Unterrichtswerken und fragten uns, ob wir wohl dümmer gewesen seien, weil wir offensichtlich viel mehr üben mussten als heutige Schulkinder ... Spaß beiseite: Bevor es Taschenrechner und Computer gab, haben Schüler mehr im Kopf gerechnet. Päckchenweise geschah dies, und so manches Rechenheft wurde im Laufe des Schuljahres vollgeschrieben. Das hat natürlich auch nicht immer nur Spaß gemacht – aber macht unseren Kindern heute der aufgelockerte Unterricht immer Spaß? Freude, das muss nun auch einmal gesagt werden, erfährt vor allem der Schüler, der nach anstrengendem Üben bestimmte Rechenoperationen „wie im Schlaf" zu beherrschen gelernt hat; es funktioniert, und er kommt auf richtige Lösungen. Diesen Erfolg hat er seinem Eifer zuzuschreiben, und das erzeugt Stolz und Freude.

Dieses schöne Gefühl des Sieges über sich selbst und die Materie wollen wir auch unseren heutigen Kindern gönnen, deshalb laden wir sie ein, diesen Grundkurs in den Grundrechenarten zu belegen: Konsequent durchgeführt, wird sich der Fleiß auszahlen. Also dann nicht gefackelt, sondern eifrig ans Werk – der erste Tag wartet mit Kopfrechenaufgaben auf euch!

Karin Pfeiffer und Peter Stolz

Liebe Kolleginnen und Kollegen,
liebe Eltern,

Sie möchten gern Ihren Kindern beim Lernen helfen. Ihr Bemühungen werden den gewünschten Erfolg haben, wenn Sie folgende Punkte berücksichtigen:

1. Eile schadet

Zum Üben verwendet das Kind am besten ein bestimmtes Heft, in das die Aufgaben eingetragen werden. Die Arbeitsblätter des vorliegenden Übungsbandes sind zwar so angelegt, dass auch viele Ergebnisse gleich dort eingetragen werden können. Lückenfüllen sollte jedoch generell beim Lernen eine Ausnahme bilden. Deshalb werden alle Aufgaben grundsätzlich in ein Rechenheft eingetragen, auch wenn das etwas mehr Zeit kostet. Weshalb das so wichtig ist, will ich kurz erklären. Nur scheinbar „verlieren" wir durch das Schreiben der vollständigen Rechenaufgaben Zeit. In Wirklichkeit lernt das Kind auch dabei – es kommt zur Ruhe, kann sich geistig auf die vor ihm liegende Rechentätigkeit einstellen. Das sorgfältige Schreiben fördert Systematik und ganzheitliches Denken, welches dem natürlichen Lerntempo von Kindern viel näher kommt als das übliche schnelle Hopsen von Punkt zu Punkt. Das hohe Tempo erzeugt die Illusion, viel erledigt zu haben – aber es ist eben nur eine Illusion. Durch die Oberflächlichkeit entstehen Fehler, der Stoff wird geistig nicht verarbeitet.
Schreibt ein Kind hingegen die Aufgaben ins Heft, dann wird das Tempo gedrosselt, es kann in Ruhe überlegen; die Feinmotorik der Hand wird geschult – auch das wirkt sich positiv auf das Lernen aus. Rechenschritte prägen sich besser ein.

2. Auf deutliche Handschrift achten

Wem ist das noch nicht passiert: Rechenfehler entstehen durch schlecht lesbare Handschrift oder fehlende Ordnungskriterien. Klar ist uns das schon, aber wie bringt man Kinder dazu, lesbare Ziffern zu schreiben und saubere Hefteinträge zu machen? Ganz einfach: Wir zeigen dem Kind, wie es geht und achten fortan auf die Einhaltung der Vorgaben. Ordnung soll gelernt und ständig trainiert werden. Sie ist kein Selbstzweck.
Für jede Übungseinheit beginnen die Schüler eine neue Heftseite. Sie tragen Überschrift und Datum ein, das dient der Übersichtlichkeit.

Ziffern stehen gut lesbar in den Kästchen, beim Addieren und Subtrahieren wird exakt untereinandergeschrieben. Sollte das Kind Schwierigkeiten beim Schreiben haben, wiederholen wir alle Ziffernformen und üben diese. Auch Zifferndiktate sind nützlich, sie bewahren vor Drehfehlern beim Schreiben (z. B. 83 versus 38). Zum Ziehen von Linien soll das Kind ein Lineal benutzen.

3. Keine Angst vor „Päckchen"

Übungsreihen in Form von „Rechenpäckchen" werden zuweilen als „langweilig" bezeichnet und für das Üben abgelehnt. Das ist Unsinn. Päckchenrechnen ist für den Rechenschüler ebenso unerläßlich wie es Etüden für den angehenden Pianisten sind. Ohne Reihenübungen können wir uns Rechenoperationen nicht einprägen – genau dies aber ist nötig, denn die Grundrechenarten müssen im Schlaf beherrscht sein. Bei der praktischen Arbeit mit Kindern kann man überdies die Erfahrung machen, daß übersichtliche, klar gegliederte Aufgabenstellungen in Form von Reihenübungen bevorzugt werden gegenüber jenen „motivierenden" Übungen, die angeblich selbständiges Denken erzeugen sollen. Natürlich ist auch hier vor Übertreibungen zu warnen: Zu viele Päckchen, zu monotone Aufgaben – das verbietet sich von selbst.

4. Regelmäßig üben – kurz üben – kontrollieren

Für das Rechnen gilt, was für alle Fertigkeiten im Leben gesagt werden kann: wer sein Handwerkszeug parat hat und ohne Nachdenken die Grundfertigkeiten einsetzen kann, wird auch zu mathematischer Kreativlösung fähig! Kreativität läßt sich nicht durch kreative Übungen erzeugen. Der Weg dorthin führt über regelmäßiges, ernsthaft betriebenes Üben, am besten mehrmals pro Woche. Die Übungszeit ist der Konzentrationsfähigkeit des Schülers angepaßt. Sollten die hier vorgeschlagenen Lektionen nicht in angemessener Zeit bewältigt werden können, brechen Sie die Übungsreihe ab und lassen Sie den Rest ein andermal rechnen.

Nach dem Üben wird kontrolliert – lassen Sie das Kind dabei nicht allein! Es soll selbständig rechnen, aber es hat einen Anspruch darauf zu zeigen, was es beim Üben gelernt hat. Gerade lernschwache Kinder benötigen viel Zuspruch und Aufmerksamkeit. Rechnen und Spielen vertragen sich – entgegen moderner Ansicht – nicht. Wollen wir unsere Kinder mit Ziffernkurzweil beschäfigen und unterhalten? Oder möchten wir ihnen das ernsthafte Rechnen beibringen? Na also.

Wir wünschen guten Erfolg beim Üben!

Die Autoren

Addieren

1. Tag

Flottes Kopfrechnen zum Aufwärmen

1. Rechne flott ein Päckchen nach dem anderen aus. Schreibe nur die Lösungen in dein Heft.

a)	b)	c)
26 + 3 =	75 + 25 =	75 + 18 =
26 + 13 =	35 + 15 =	42 + 19 =
26 + 23 =	85 + 15 =	88 + 13 =
24 + 26 =	46 + 15 =	90 + 19 =
32 + 38 =	39 + 23 =	90 + 22 =
13 + 57 =	15 + 28 =	90 + 33 =
41 + 19 =	27 + 19 =	70 + 35 =
55 + 25 =	58 + 12 =	75 + 35 =
66 + 24 =	66 + 26 =	55 + 55 =

2. Es geht weiter mit einer Kettenaddition! Rechne rasch im Kopf und schreibe die Lösung auf.

34 + 36 + 101 + 130 + 44 + 12 + 102 + 71 + 33 =

Du bist Mathelehrer. Schreibe eine selbsterdachte Kettenaddition mit zehn Summanden nach obigem Muster sauber in ein Matheheft. Gib diese Aufgaben deinem Sitznachbarn zum Ausrechnen.

Lösungen

1. Ergebnisse

a)	b)	b)
29	100	93
39	50	61
49	100	101
50	61	109
70	62	112
70	43	123
60	46	105
80	70	110
90	92	110

2. Ergebnis der Kettenaddition

563

Schriftliches Addieren

1. Rechne, wie du es gelernt hast. Sprich laut beim Rechnen. Schreibe die Merkzahl klein zum letzten Summanden. Mache die Probe, indem du auch von oben nach unten rechnest. Schreibe dein Ergebnis jeweils in das graue Kästchen.

a)	b)	c)	d)
482	567	6	555
+ 349	+ 55	+ 8023	+ 666
+ 36	+ 4222	+ 481	+ 7777
+ $5_1 2_2 9_1 1$	+ 301	+ 52165	+ 888

2. Addiere. Du brauchst dein Rechenheft. Schreibe die Summanden exakt untereinander ab. Rechne zügig und mache die Probe. Vergleiche erst dann mit den Lösungen.

a) 198 + 34 + 99 + 386 + 250
b) 978 + 200 + 37 + 71 + 514
c) 862 + 60 + 14 + 146 + 205
d) 28 + 123 + 456 + 789 + 45
e) 255 + 731 + 174 + 582 + 5
f) 33 + 44 + 55 + 66 + 77 + 9
g) 57 025 + 12 808 + 193 179
h) 50 888 + 251 004 + 33 513

Lösungen

1. Hier sind die Lösungen der Aufgaben:

a)	b)	c)	d)
482	567	6	555
349	55	8023	666
36	4222	481	7777
$5_1 2_2 9_1 1$	$_1 3_1 0_1 1$	$5_1 2_0 1_1 6_1 5$	$_2 8_2 8_2 8$
6158	5145	60675	9886

2. Hast du es richtig gemacht? Hier sind die Summen:

a) 967
b) 1800
c) 1287
d) 1441
e) 1747
f) 284
g) 263 012
h) 335 405

Grundrechenarten Best.-Nr. 247 Stolz Verlag

Übungen zum schriftlichen Addieren

1. Rechentafel für Rechenmeister

	g)	h)	i)	j)	k)	l)
a)	209 612 +	319 485 +	50 009 +	6 485 +	109 407 +	4 812
b)	87 666 +	7 633 +	488 +	27 909 +	2 735 +	79 079
c)	114 704 +	48 017 +	644 212 +	47 +	68 119 +	8 931
d)	38 216 +	416 222 +	9 888 +	1 816 +	205 008 +	15 455
e)	479 708 +	58 +	245 323 +	75 308 +	39 +	98 067
f)	303 666 +	75 349 +	89 142 +	16 +	117 555 +	6 323

Rechne alle Aufgaben schriftlich. Beginne mit der waagerechten Reihe a) bis f). Erledige dann die senkrechten Reihen von g) bis l). In welcher Zeit schaffst du es? Gebrauche eine Stoppuhr.
Mach dich zügig ans Rechnen: Du weißt schon, nur mit viel Übung bringst du es zur Meisterschaft!

2. Textaufgaben-Bonbon

Karnevalsumzüge locken viele Zuschauer an. Allein in unserem Dorf zählte man im vorigen Jahr 2549 Personen, die am Straßenrand zuschauten.
Wie viele Männer, Frauen und Kinder waren wohl dabei, damit diese Summe herauskommt? Die Zusammenstellung überlassen wir jetzt deiner Phantasie. Erstelle eine Additionsaufgabe.

Lösungen

a) 699 810
b) 205 510
c) 884 030
d) 686 605
e) 898 503
f) 592 051

g) 1 233 572
h) 866 764
i) 1 039 062
j) 111 581
k) 502 863
l) 212 667

Beiß zwischendurch mal in einen Apfel.
Obst ist gesund und macht klug.

Subtrahieren

4. Tag

Flottes Kopfrechnen zum Aufwärmen

1. Rechne flott ein Päckchen nach dem anderen aus. Schreibe nur die Lösungen in dein Heft.

a)
100 – 22 =
100 – 12 =
100 – 42 =
100 – 15 =
100 – 35 =
100 – 85 =
100 – 29 =
100 – 49 =
100 – 69 =

b)
110 – 50 =
115 – 55 =
128 – 78 =
192 – 12 =
192 – 42 =
175 – 85 =
125 – 50 =
150 – 75 =
180 – 91 =

c)
160 – 81 =
140 – 71 =
155 – 56 =
188 – 89 =
144 – 45 =
185 – 95 =
125 – 65 =
145 – 75 =
179 – 80 =

2. Es geht weiter mit einer Kettensubtraktion! Rechne im Kopf und schreibe die Lösung auf.

1000 – 85 – 16 – 99 – 402 – 99 – 205 – 71 – 23 =

Du bist Mathelehrer. Schreibe eine selbsterdachte Kettenaddition mit zehn Summanden nach obigem Muster sauber in ein Matheheft. Gib diese Aufgaben deinem Sitznachbarn zum Ausrechnen.

Lösungen

1. Ergebnisse

a)
78
88
58
85
65
15
71
51
31

b)
60
60
50
180
150
90
75
75
89

b)
79
69
99
99
99
90
60
70
99

2. Ergebnis der Kettensubtraktion

0

Schriftliches Subtrahieren

1. Wie hast du das Abziehen – also das Subtrahieren gelernt? Sprich laut beim Rechnen. Wenn du nicht sicher bist, lasse es dir noch einmal erklären. Schreibe die Merkzahl klein zum letzten Subtrahenden. Schreibe dein Ergebnis jeweils in das graue Kästchen. Mache die schriftliche Probe wie im Beispiel.

a)	b)	c)	d)
821	705	9876	1032
– 128	– 5	– 543	– 84
– 5	– 123	– 21	– 287
– $_1 5_2 3$	– 465	– 0	– 489

Probe:

a)	
	???
+	128
+	5
+	53
	821

← Hier das Rechenergebnis eintragen.

2. Jetzt brauchst dein Rechenheft. Schreibe untereinander und subtrahiere. Mache auch die Probe!

a) 3 547 – 312 – 659 – 22 – 504

b) 2 000 – 12 – 24 – 36 – 48 – 333

c) 57 302 – 403 –1 378 – 38 566 – 36

d) 644 578 – 2 572 – 7 289 – 380 215

Lösungen

1. Lösungen der Subtrakionsaufgaben:

a)	b)	c)	d)
821	705	9876	1032
– 128	– 5	– 543	– 84
– 5	– 123	– 21	– 287
– $_1 5_2 3$	– $4_1 6_1 5$	– 0	– $4_3 8_2 9$
635	112	9312	172

Und so hast du die Probe gerechnet:

a)	b)	c)	d)
635	112	9312	172
+ 128	+ 5	+ 543	+ 84
+ 5	+ 123	+ 21	+ 287
+ 53	+ 465	+ 0	+ 489
821	705	9876	1032

2. Hier sind die Subtraktionsergebnisse:

a) 2 050

b) 1 547

c) 16 919

d) 254 502

Übungen zum schriftlichen Subtrahieren

1. Einnahmen und Ausgaben: Ersparnis (E) oder Schulden (S)?

a) Einnahmen: 125 800 €
Ausgaben: 96 324 €

b) Einnahmen: 188 517 €
Ausgaben: 196 478 €

c) Einnahmen: 602 533 €
Ausgaben: 941 805 €

d) Einnahmen: 300 411 €
Ausgaben: 219 726 €

2. Ziehe von der Zahl A jeweils nacheinander und einzeln die Zahlen in den Kästchen ab. Das gibt also insgesamt 5 Rechnungen. Mache jeweils auch die schriftliche Probe!

A 1 502 438 minus | 900 | 503 438 | 1 499 666 | 87 603 | 1 258 779 |

3. Textaufgaben-Bonbon

Frau Berta hat einen dicken Kater, für den sie im letzten Kalenderjahr insgesamt 1452 Euro ausgegeben hat. Für Futter benötigte sie im ersten Halbjahr 489 €, im zweiten waren es nur 357 €. Jm Sommer war der Kater für einige Tage in Pflege, wofür Berta 205 € bezahlte. Dann wurde der Kater krank. Das war richtig teuer. Wieviel zahlte Frau Berta dem Tierarzt?

Lösungen

1. Einnahmen und Ausgaben: Ersparnis (E) oder Schulden (S)?

a) 125 800 − 96 324 = 29 476 E

b) 196 478 − 188 517 = 7 961 S

c) 941 805 − 602 533 = 339 272 S

d) 300 411 − 219 726 = 80 685 E

2. Subtrahieren mit Probe

Rechnung: 1 502 438 − 900 = 1 501 538

Probe: 1 501 538 + 900 = 1 502 438

Die übrigen Ergebnisse: 999 000 2 772 1 414 835 243 659

3. Textaufgaben-Bonbon

Frau Berta hat dem Tierarzt 401 Euro bezahlt.

7. Tag

Mit großen Zahlen vertraut werden

1. Mündlich: Zähle zu folgenden Zahlen 10 dazu. (Nimm 10 weg.)

5 460, 12 090, 60 300, 35 010, 75 000, 107 580, 720 720, 640 000, 400 000, 1 200 000, 7 410 000, 6 060 010, 2 000 000, 99 000

2. Mündlich: Zähle zu folgenden Zahlen 10 000 dazu. (Nimm 10 000 weg.)

33 000, 12 500, 23 140, 900 900, 105 010, 1 500 000, 35 185 243, 10 049 17 000, 29 100, 35 810, 202 500, 600 290, 5 200 003, 61 800 391, 61 000

3. Schreibe und lies die 4-, 5-, 6-, 7-, 8-, 9-, 10stelligen Zahlen, die du mit der Ziffer 3 zusammenstellen kannst. Mache dasselbe mit der Ziffer 5: **3 333, ...**

4. Schreibe die Zahl, die vor der Million (vor der Milliarde) steht, ebenso die Zahl, die auf die Million (die Milliarde) folgt.

Stelle aus den Ziffern 0 und 1 alle möglichen 7-stelligen Zahlen zusammen! Schreibe: 1 100 000; 1 010 001 usw. Ordne!

Lösungen

3. Schreibe und lies die 4-, 5-, 6-, 7-, 8stelligen Zahlen, die du mit der Ziffer 3 zusammenstellen kannst.

3 333, 33 333, 333 333, 3 333 333, 33 333 333, 333 333 333, 3 333 333 333
die letzte Zahl lautet: drei Milliarden dreihundertdreiunddreißig Millionen dreihundertdreiunddreißigtausenddreihundertdreiunddreißig

4. Schreibe die Zahl, die vor der Million (vor der Milliarde) steht, ebenso die Zahl, die auf die Million (die Milliarde) folgt.

999 999, 999 999 999
1 000 001, 1 000 000 001

Üben und Wiederholen

1. Schriftliches Addieren: Hier wartet eine „Mammutaufgabe“ auf dich. Du sollst ausrechnen, wie groß die Fläche Deutschlands in Quadratkilometer ist. Das ist ein hartes Stück Konzentration. Addiere zuerst die linke, dann die rechte Spalte, zähle dann die Zwischenergebnisse zusammen. Bevor du rechnest: was schätzt du, wie groß die Summe sein wird ? Notiere deine Schätzung auf einem Blatt Papier.

Bayern	70 549	Rheinland-Pfalz	19 847
Niedersachsen	47 618	Sachsen	18 415
Baden-Württemberg	35 742	Thüringen	16 172
Nordrhein-Westfalen	34 084	Schleswig-Holstein	15 763
Brandenburg	29 477	Saarland	2 569
Mecklenburg-Vorpommern	23 174	Berlin	892
Hessen	21 115	Hamburg	755
Sachsen-Anhalt	20 445	Bremen	404

2. Errechne jeweils die Differenz der Einwohnerzahlen! Schreibe in dein Heft.

	1995	2003
Bayern	11 993 484	12 423 386
Berlin	3 471 418	3 388 477
Brandenburg	2 542 042	2 574 521
Hessen	6 009 913	6 089 428
Nordrhein-Westfalen	17 893 045	18 079 686

Lösungen

1. Wie groß ist Deutschland? Hast du gut geschätzt und richtig gerechnet?

$$\begin{array}{r} 282\,204 \\ +\ 74\,817 \\ \hline 357\,021 \end{array}$$

Die Fläche Deutschlands beträgt 357 021 km².

2. Einwohnerzahlen

Vergleicht man die Einwohnerzahlen von 1995 und 2003, so ergibt sich

Bayern:	429 902	Einwohner mehr
Berlin:	82 941	Einwohner weniger (!)
Brandenburg:	32 479	Einwohner mehr
Hessen:	79 515	Einwohner mehr
Nordrhein-Westfalen:	186 641	Einwohner mehr

Dezimalzahlen Addieren

9. Tag

1. Rechne flott im Kopf: zuerst die Ganzen, dann die Zehntel. Schreibe nur die Lösungen auf.

a)	b)	c)
16,4 + 2,2 =	40,5 + 3,5 =	59,5 + 80,7 =
24,5 + 1,3 =	97,8 + 13,2 =	35,8 + 90,5 =
18,3 + 2,4 =	23,7 + 23,3 =	99,9 + 77,7 =
24,3 + 15,6 =	25,5 + 4,5 =	88,8 + 88,8 =
32,5 + 18,2 =	44,1 + 50,9 =	66,6 + 66,6 =
67,4 + 16,1 =	13,3 + 74,8 =	55,5 + 55,5 =

2. Schreibe richtig untereinander in dein Heft: Komma unter Komma, leere Stellen rechts ergänze durch 0. Rechne mit Probe!

a) 24,30 + 17,8 + 37,9 + 28,04 + 74,0
b) 38,7 + 26,8 + 19,13 + 39,06 + 99,99
c) 123,06 + 128,7 + 18,4 + 47,1 + 0,5
d) 139,42 + 264,35 + 348,28 + 405

3. Wandle in Dezimalzahlen um, schreibe untereinander und rechne.

a) $15\frac{1}{2} + 47\frac{1}{4} + 25\frac{3}{4} + 31\frac{1}{5} + 10\frac{2}{5} =$

Lösungen

1. Die Ergebnisse der Reihe nach:

a)	b)	c)
18,6	44	140,2
25,8	111	126,3
20,7	47	177,6
39,9	30	177,6
50,7	95	133,2
83,5	88,1	111

2. Schriftliches Addieren mit Probe

Rechnung ↓	Probe ↑
24,30	24,30
+ 17,80	+ 17,80
+ 37,90	+ 37,90
+ 28,04	+ 28,04
+ 74,00	+ 74,00
182,04	182,04

a) 182,04
b) 223,68
c) 317,76
d) 1157,05

3. Umwandlung in Dezimalzahlen

15,50
+ 47,25
+ 25,75
+ 31,20
+ 10,40
130,10

Rechnen mit Geld

1. Hier geht es um Geld. Wieviel macht das jeweils zusammen?
   Schreibe die Aufgaben b) bis c) wie im Beispiel auf und addiere.

a) 5 € 10 ct	23 € 25 ct	895 €	39 € 5 ct
b) 550 € 50 ct	1263 € 75 ct	312 €	401 € 80 ct
c) 17 € 52 ct	8 € 1 ct	968 € 90 ct	32 418 €
d) 94 € 35 ct	11 167 € 3 ct	62 300 €	3 456 € 15 ct

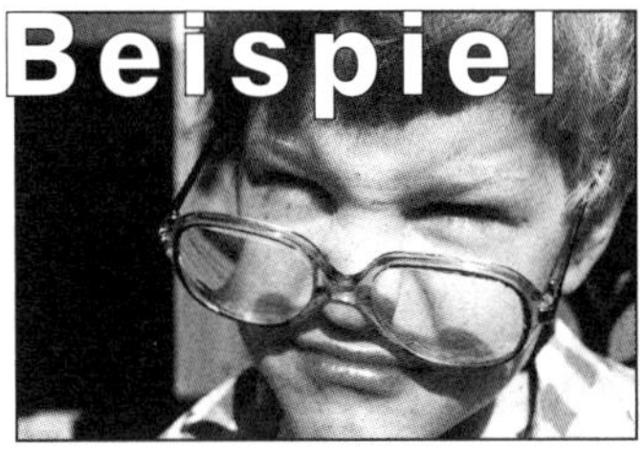

a)
```
     5,10
+   23,25
+  895,00
+   39,05
---------
   962,40
```

2. Einkaufen mit einem 100-Euro-Schein. Wieviel bleibt übrig? Schreibe die Minusaufgaben ins Heft.
   Welches der Kinder wird an der Kasse zuwenig Geld haben? Wieviel fehlt?

Maike kauft ein für: 43,50 19,95 2,99 8,90 9,89
Helmut zahlt: 12,50 29,90 15,50 17,85 6,05
Julia steht an der Kasse: 38,80 29,00 25,40 10,80

Lösungen

1. Geldsummen:

a) 962,40 b) 2 528,05 c) 33 412,43 d) 77 017,53

2. Einkaufen mit einem 100-Euro-Schein

```
  100,00
-  85,23
--------
   14,77
```
Für Maike bleiben übrig: 14 € 77 ct.

```
  100,00
-  81,80
--------
   18,20
```
Helmut behält einen Rest von 18 € 20 ct.

```
  104,00
- 100,00
--------
    4,00
```
Julia übernimmt sich: Sie hat für 4 € zuviel eingekauft. (Was soll sie machen?)

Malnehmen
Aufgaben zum Warmwerden

1. Wiederhole mündlich die Reihen des kleinen Einmaleins von drei aufwärts! Sage vorwärts und rückwärts auf.

Einmal drei ist drei, zweimal drei ist sechs ...
Zehnmal drei ist dreißig, neunmal drei ist siebenundzwanzig ...

2. Kannst du das flott ausrechnen? Vielleicht im Kopf? Schreibe zur Überprüfung die Ergebnisse auf.

3 · 199	2 · 1 998	7 · 99 999	9 · 298 000
8 · 699	5 · 4 998	4 · 97 000	2 · 790 000

3. Hast du dich warmgerechnet? Dann kannst du auch das vorteilhaft errechnen!

10 · 365	100 · 48	100 · 24	100 · 760
5 · 365	25 · 48	75 · 24	50 · 760

Sicher hast du gemerkt, welchen Rechenvorteil du bei Aufgabe 3 nutzen kannst. Denke dir selbst nun eine ähnliche Aufgabe aus und stelle sie jemandem zum Kopfrechnen.

Lösungen

2. Hier sind die Ergebnisse:

597	3 996	699 993	2 682 000
5 592	24 990	388 000	1 580 000

3. Hast du auch hier richtig gerechnet?

3 650	4 800	2 400	76 000
1 825	1 200	1 800	38 000

Schriftliches Malnehmen

Die Quersummenprobe

12. Tag

Wir überprüfen unsere Rechnung mit der Quersummenprobe:
Rechne zuerst die Aufgabe schriftlich. Setze dann neben deine Aufgabe ein diagonales Kreuz. Schreibe in das linke Feld die einstellige Quersumme der Grundzahl (a) 8 + 3 + 2 + 4 = 17; 1 + 7 = 8.
In das rechte Feld kommt die Malzahl (b) 3. (Bei mehrstelligen Malzahlen musst du ebenfalls die Quersumme bilden!). Multipliziere nun (a) und (b): 8 · 3 = 24. Bilde davon wiederum die Quersumme, also: 2 + 4 = 6. Schreibe diese Zahl in das obere Feld.
Errechne nun die Quersumme des Ergebnisses aus der Multiplikation: 2 + 4 + 9 + 7 + 2 = 24; 2 + 4 = 6. Schreibe die Quersumme in das untere Feld.
Sind die Zahlen des oberen und unteren Feldes gleich, so stimmt die Probe.

a b
8 324 · 3
24 972
c

Quersummenprobe

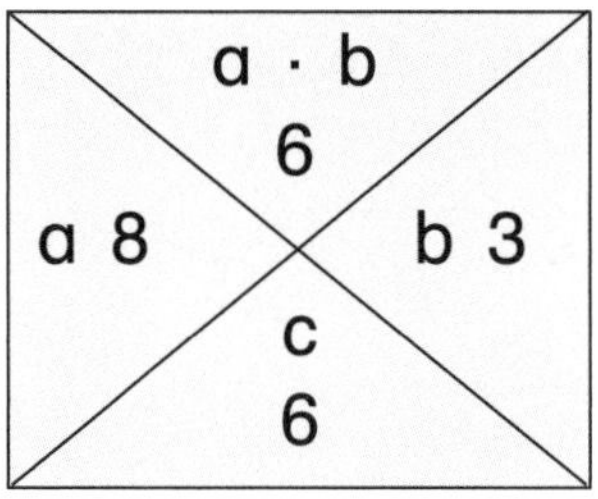

Multipliziere schriftlich. Führe zu jeder Rechnung eine Quersummenprobe aus!

2 975 · 8	83 644 · 6	409 068 · 3	49 067 · 4
4 075 · 5	44 638 · 7	120 355 · 9	77 777 · 2

Lösungen

Hast du diese Ergebnisse bekommen?

2 975 · 8	=	23 800	Quersumme: 4
4 075 · 5	=	20 375	Quersumme: 8
83 644 · 6	=	501 864	Quersumme: 6
44 638 · 7	=	312 466	Quersumme: 4
409 068 · 3	=	1 227 204	Quersumme: 9
120 355 · 9	=	1 083 195	Quersumme: 9
49 067 · 4	=	196 268	Quersumme: 5
77 777 · 2	=	155 554	Quersumme: 7

Schriftliches Malnehmen

Mehrstelliger Multiplikator

Und jetzt rechnen wir wieder mit Quersummenprobe. Diesmal ist auch der Multiplikator zweistellig. In das Feld für (b) kommt daher auch eine Quersumme.

```
  a     b
 5306 · 46
21224
 31836
244076
  c
```

Quersummenprobe

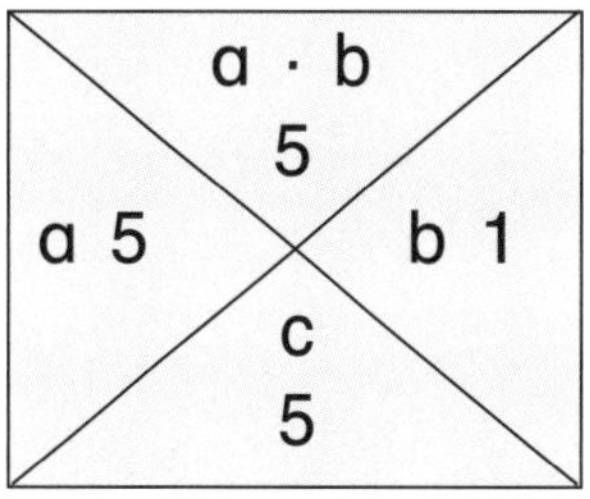

Multipliziere schriftlich. Führe zu jeder Rechnung eine Quersummenprobe aus!

389 · 57	7052 · 46	555 · 555	3076 · 274
832 · 96	7654 · 25	832 · 328	8951 · 496

Die Quersummenprobe funktioniert auch bei der Addition. Weißt du, wie es geht? Frage einen Erwachsenen und probiere es aus.

Lösungen

Hast du diese Ergebnisse bekommen?

389 · 57	=	22 173	Quersumme: 6
832 · 96	=	79 872	Quersumme: 6
7 052 · 46	=	324 392	Quersumme: 5
7 654 · 25	=	191 350	Quersumme: 1
555 · 555	=	308 025	Quersumme: 9
832 · 328	=	272 896	Quersumme: 7
3 076 · 274	=	842 824	Quersumme: 1
8 951 · 496	=	4 439 696	Quersumme: 5

Achtung: die Quersumme von 10 = 1 + 0 = 1

Grundrechenarten Best.-Nr. 247 Stolz Verlag

Multiplizieren mit Nullen

Erscheint eine Null als Ziffer im Multiplikator, rechnen wir verkürzt: Wir sparen uns die Zeile geschriebener Nullen und rücken gleich zwei Stellen nach außen. Erkläre selbst das Beispiel:

Beispiel

```
 947 · 802
7576
   1894
759494
```

1. Rechne schriftlich wie im Beispiel:

a) 345 · 906   c) 2894 · 705
b) 588 · 404   d) 4088 · 307

Multiplikationen mit 10, 100 usw. sind besonders einfach. Man hängt so viele Nullen an die Zahl, wie der Multiplikator Nullen hat.

Beispiele

482 · 100	482 · 200
48200	96400

2. Rechne schriftlich wie in den Beispielen rechts:

a) 300 · 100   d) 42 · 1 000
b) 458 · 100   e) 5300 · 2 000
c) 200 · 500   f) 4000 · 8 000

Lösungen

1. Die Ergebnisse:

a) 312 570   c) 2 040 270
b) 237 552   d) 1 255 016

2. Die Ergebnisse:

a) 30 000   d) 42 000
b) 45 800   e) 10 600 000
c) 100 000   f) 32 000 000

Jch denkt mir einfach
ein paar Nullen dazu ...

Grundrechenarten   Best.-Nr. 247   Stolz Verlag

Multiplizieren von Dezimalzahlen

36 · 8,7	4,3 · 5,9
288	215
252	387
313,2	25,37

Gibt es in der Rechnung ein Komma, so rechne zuerst so, als ob kein Komma da wäre. Zähle am Ende die Kommastellen ab, die wir beim Multiplikator und beim Multiplikanden zusammen finden. So viele Stellen hinter dem Komma hat dann das Ergebnis.

1. Rechne schriftlich. Achte auf das Komma!

a) 445 · 12,4	d) 13,5 · 17,5	g) 40,57 · 3,02
b) 903 · 37,6	e) 99,4 · 30,2	h) 17,5 · 3,965
c) 888 · 88,8	f) 67,3 · 55,1	i) 1,234 · 5,67

2. Schreibe in Kilometern (km) bzw. in Kilogramm (kg): 1800 m = 1,8 km

1 800 m, 10 000 m, 42 195 m, 200 m, 1 000 m, 12 274 m, 2 m, 10 m
500 g, 1 400 g, 250 g, 40 030 g, 5 g, 120 000 g, 1 000 g, 10 000 g

Lösungen

1. Und hier sind die Ergebnisse:

a) 5518,0	d) 236,25	g) 122,5214
b) 33952,8	e) 3001,88	h) 69,3875
c) 78854,4	f) 3708,23	i) 6,99678

2. Schreibe in Kilometern (km) bzw. in Kilogramm (kg): 1800 m = 1,8 km

1,8 km, 10 km, 42,195 km, 0,2 km, 1 km, 12,274 km, 0,002 km, 0,01 km
0,5 kg, 1,4 kg, 0,25 kg, 40,03 kg, 0,005 kg, 120 kg, 1 kg, 10 kg

Teilen

Aufgaben zum Warmwerden

1. Rechne die folgenden Aufgaben im Kopf! Sprich laut.

1 000 : 10 =	1 000 : 5 =	800 000 : 80 =	1 000 000 : 10 =
5 000 : 10 =	3 000 : 2 =	500 000 : 500 =	1 000 000 : 50 =
6 000 : 20 =	7 000 : 1 =	440 000 : 200 =	1 000 000 : 100 =
8 000 : 80 =	9 000 : 9 =	400 400 : 400 =	1 000 000 : 500 =

2. Auch diese Aufgaben kannst du leicht im Kopf rechnen. Als Ergebnis bekommst du Dezimalzahlen. Schreibe nur die Ergebnisse auf!

a)	b)	c)
35 : 10 =	999 : 10 =	8 888 : 100 =
48 : 20 =	222 : 20 =	8 100 : 1 000 =
52 : 20 =	444 : 40 =	8 200 : 2 000 =

2 000 : 100 = 20 / 2 000 : 10 = 200 / 2 000 : 1 000 = 2
Formuliere jetzt eine Regel, nach der du einem Rechenschüler diese Rechenoperation erklärst, damit er ähnliche Aufgaben rechnen kann.

Lösungen

1. Hier sind die Ergebnisse aus deinen Kopfturnübungen:

100	200	10 000	100 000
500	1 500	1 000	20 000
300	7 000	2 200	10 000
100	1 000	1 001	2 000

2. Und hier sind die Dezimalzahlen, die du errechnet hast:

a)	b)	c)
3,5	99,9	88,88
2,4	11,1	8,1
2,6	11,1	4,1

Schriftliches Teilen ohne Rest

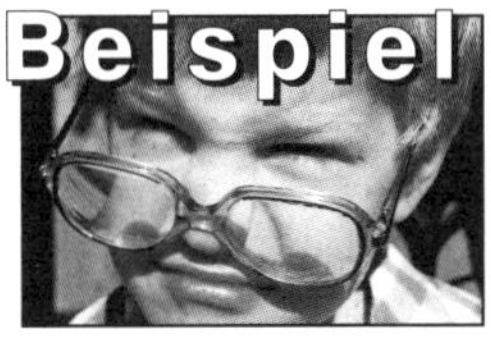


```
2 4
3744 : 24 = 156
134
 144
   0
```

Überlege und sprich:
24 in 37 geht 1mal. Ich schreibe rechts eine 1. 1 mal 4 gleich 4 plus 3 gleich 7. Ich schreibe 3 unter die 7. 1 mal 2 gleich 2 plus 1 gleich 3. Ich schreibe 1 unter die 3. Dann hole ich die 4 von oben herunter. Ich überlege: Wie oft geht 24 in 134? Ich schreibe die 5 rechts an. 5 mal 4 gleich 20 plus 4 gleich 24. Usw.

Probe:

```
156 · 24
312
 624
3744
```

Rechne schriftlich, mache auch die Probe.

a) 79 924 : 53	b) 67 116 : 68	c) 61 465 : 95	d) 60 732 : 84
e) 60 352 : 82	f) 88 686 : 78	g) 49 303 : 47	h) 70 392 : 84

Man teilt eine Zahl durch 10, indem man am Ende eine Null abstreicht. Wie teilt man eine Zahl durch 100? Wie durch 1000? Formuliere die Regel und denke dir je ein Rechenbeispiel dazu aus.

Lösungen

Wenn du richtig gerechnet hast, bekommst du folgende Ergebnisse:

a) 1 508	b) 987	c) 647	d) 723
e) 736	f) 1 137	g) 1 049	h) 838

Schriftliches Teilen mit Rest

```
4 8
5387 : 48 = 112
058
 107
  11 → Rest
```

Probe:

```
112 · 48
448
 896
5376 + 11 = 5387
```

1. Rechne in dein Heft. Schreibe auch die Probe zu jeder Rechnung auf!

a) 56 389 : 56 b) 89 123 : 77 c) 55 408 : 45 d) 72 145 : 44
e) 38 091 : 63 f) 23 383 : 42 g) 27 419 : 74 h) 37 399 : 97

2. Kannst du das ganz rasch im Kopf rechnen? Schreibe nur die glatten Ergebnisse auf – mit Rest!

705 € : 10 61 € : 2 = 201 € : 20 = 56 € : 5 =

Du bist Mathelehrer. Denke dir drei Divisionsaufgaben aus. Du weißt schon: Dividieren heißt Teilen. Die Aufgaben sollen einen Rest enthalten. Probiere erst selbst und lasse dann jemand anderen rechnen.

Lösungen

1. Das sind die richtigen Ergebnisse:

a) 1006 R 53 b) 1157 R 34 c) 1231 R 13 d) 1639 R 29
e) 604 R 39 f) 556 R 31 g) 370 R 39 h) 385 R 54

2. Hier die Ergebnisse zum Kopfrechnen:

70 € R 5 30 € R 1 10 € R 1 11 € R 1

Teilen von Dezimalzahlen

1. Wir rechnen jetzt auch die Stellen hinter dem Komma aus. Rechne wie im Beispiel! Wenn du den Teiler über die zu teilende Zahl (Dividend) schreibst, kannst du die Stellen vor dem Komma bestimmen.

```
 3
209,36 : 3 = . . ,
```

Zuerst die Stellen vor dem Komma bestimmen:

```
 3
209,16 : 3 = 69,72
 29
  21
   06
```

Rechne jeweils zwei Stellen nach dem Komma aus. Jede Rechnung geht dann glatt aus.

a) 298,86 : 6	b) 236,73 : 3	c) 388,48 : 8	d) 114,6 : 4
e) 134,47 : 7	f) 399,96 : 9	g) 562,24 : 7	h) 306,6 : 5

2. Dazu benötigst Du weder Abakus, Taschenrechner oder Papier. Rechne im Kopf! Schreibe nur die Ergebnisse auf.

a)	b)	c)
18,36 € : 3	18,36 € : 6	4,80 € : 6
16,48 € : 8	14,48 € : 2	7,50 € : 5
28,56 € : 4	5,20 € : 4	7,20 € : 9
15,35 € : 5	9,60 € : 8	8,40 € : 7

Lösungen

1. Ergebnisse

a) 49,81	b) 78,91	c) 48,56	d) 28,65
e) 19,21	f) 44,44	g) 80,32	h) 61,32

2. Was ist dein Kopf wert?

a)	b)	c)
6,12 €	3,06 €	0,80 €
2,06 €	7,24 €	1,50 €
7,14 €	1,30 €	0,80 €
3,07 €	1,20 €	1,20 €

Bei Dezimalzahlen kannst du rechts hinter dem Komma so viele Nullen anhängen, wie du willst. Der Wert verändert sich dadurch nicht. 1,30 ist dasselbe wie 1,3. Wenn du das so geschrieben hast, ist es also auch richtig.

1,3 = 1,30 = 1,300 = 1,3000 = 1,300000000000 = ...

Grundrechenarten Best.-Nr. 247 Stolz Verlag

Teilen

Ein Kniff und verschiedene Aufgaben

1. Hier ist eine ganz seltsame Aufgabe. Kannst du sie ausrechnen?

$$1{,}4 : 0{,}2 = ?$$

Hier ist ein Kniff: Rechne aus und sage, was du beobachtest:

$$14 : 2 =$$
$$140 : 20 =$$
$$1400 : 200 =$$
$$1{,}4 : 0{,}2 =$$
$$0{,}14 : 0{,}02 =$$

2. Schaffe durch Erweitern das Komma fort und teile schriftlich oder mündlich:

a) 168 : 4,8
105 : 4,2
301 : 8,6

b) 24,51 : 5,7
12,88 : 0,28
907,68 : 2,48

c) 4,12 : 0,02
6,4 : 0,08
8,2 : 0,05

Beim Teilen muss der Teiler immer eine ganze Zahl sein. Enthält der Teiler ein Komma, so vervielfacht man beide Zahlen mit 10, 100 oder 1000 usw. und schafft so das Komma aus dem Teiler fort.

Lösungen

1. Diese Aufgabe rechnest du ganz einfach so:

14 : 2 = 7 also ist 1,4 : 0,2 = 7

2. Hier sind die Ergebnisse:

a) 35
25
35

b) 4,3
46
366

c) 206
80
164

Malnehmen und Teilen

Textaufgaben

1. Die Kassendame im Kino verkauft Eintrittskarten mit den Nummern 97 bis einschließlich 157. Eine Eintrittskarte kostet 5 Euro 85 Cent. Wieviel Geld hat sie eingenommen?

2. Die Fläche Deutschlands beträgt 357 021 km ^{2}.
   Wie oft passt Niedersachsen da hinein? Die Fläche Niedersachsens beträgt 47 618 km ^{2}.
   Überschlage zuerst und schreibe deine Schätzung auf. Rechne und runde.

3. Von allen Bundesländern ist Bremen das kleinste. Seine Fläche beträgt 404 km ^{2}.
   Wievielmal kannst du Bremen in der Gesamtfläche Deutschlands unterbringen?
   Schätze zuerst wie bei Aufgabe 2.

4. Herr Rasherum tankt sein Auto voll. Es passen 74 Liter in den Tank. Der Liter Benzin kostet 1,42 Euro. Wieviel muss Herr Rasherum zahlen?

5. Ein Handyanbieter bietet einen Vertrag an, bei dem pro Monat 4,99 Euro Grundgebühr anfallen statt der üblichen 9,99 Euro. Heinz-Willi überlegt, ob er diesen Vertrag abschließen soll. Wieviel Grundgebühr kann er jährlich sparen?

6. Huhn Berta frisst im Jahr rund 50,4 kg Futter. Dafür legt es 200 Eier zu je 60 g.
   Wieviel g Futter kommen auf 1 g Ei?

Lösungen

1. Die Kassendame hat 61 Karten verkauft und 356,85 Euro eingenommen.

2. Niedersachsen passt rund $7\frac{1}{2}$ mal in die Gesamtfläche Deutschlands.

3. Wir runden auf: Bremen passt 884mal in die Gesamtfläche Deutschlands.

4. Herr Rasherum zahlt 105,08 Euro für die Tankfüllung.

5. Die verbilligte Gebühr beträgt pro Kalenderjahr 59,88 Euro.
   Die bisherige Gebühr beträgt 119,88 Euro.
   Wenn er sich für den billigeren Tarif entscheidet, kann Heinz-Willi 60 Euro pro Jahr an Grundgebühr einsparen.

6. Auf ein Ei kommen 252 g Futter.
   Auf 1 g Ei kommen 4,2 g Futter.

Allerlei Kopfübungen

1. Rechne flott. Schreibe nur die Ergebnisse auf!

555 – 155 =	803 – 303 =	298 – 199 =
762 – 262 =	407 – 307 =	390 – 309 =
946 – 646 =	356 – 155 =	666 – 646 =

2. Zähle die Nullen von Tausendern, Millionen, Milliarden und Billionen. Schreibe auswendig auf:

1 000 Einer sind	=	1 Tausender	=	1 000
1 000 Tausender sind	=	1 Million	=	1 000 000
1 000 Millionen sind	=	1 Milliarde	=	1 000 000 000
1 000 Milliarde sind	=	1 Billion	=	1 000 000 000 000

3. Aufwärts und abwärts: Schreite in Tausenderschritten
aufwärts von 12 000 bis 25 000
abwärts von 253 000 bis 240 000

4. Rechne im Kopf! Schreibe nur die Lösungen auf.

1 · 1 =	100 · 100 =	1 000 · 1000 =	50 000 : 10 =
10 · 10 =	40 · 50 =	80 · 900 =	10 000 : 20 =

Lösungen

1. Und hier sind die Ergebnisse:

400	500	99
500	100	81
300	201	20

4. Hast du alles richtig gerechnet?

1	10 000	1 000 000	5 000
100	2 000	72 000	500

Wiederholungsaufgaben
Addieren und Subtrahieren

1. Schreibe exakt untereinander in dein Heft und addiere! Mache auch die Probe.

a) 4 268 + 46 + 8 392 + 309

b) 55 + 666 + 7 777 + 88 888

c) 24,45 + 3,05 + 57,76 + 7,28

d) 147,12 + 73,85 + 469,72 + 93,90

2. Schreibe exakt untereinander in dein Heft und subtrahiere. Wie machst du die Probe?

a) 1000 − 987

b) 14 605 − 4 876

c) 100 448 − 2 643,5

d) 6 307,53 − 3 459,44

3. Addiere oder subtrahiere – wie vorgegeben. Schreibe die Aufgaben in dein Heft.

a)	b)	c)	d)
5 480	24 324	137 248	300 204
3 270	38 956	359 934	601 190
7 940	64 128	624 694	840 003
6 350	87 264	586 786	700 040
2 130	98 620	953 299	271 314

Spalte (a): + 836
Spalte (b): − 1 649
Spalte (c): + 259 343
Spalte (d): − 4 793,5

Lösungen

1. Wenn du es richtig gemacht hast, bekommst du folgende Ergebnisse

a) 13 015 b) 97 386 c) 92,54 d) 784,59

2. Schreibe exakt untereinander in dein Heft und subtrahiere. Zur Probe hast du addiert – siehe unten.

a) 13 b) 9 729 c) 97 804,5 d) 2 848,09

Probe: 13 + 987 = 1 000

3. Ergebnisse

a)	b)	c)	d)
6 316	22 675	396 591	295 410,5
4 106	37 307	619 277	596 396,5
8 776	62 479	884 037	835 209,5
7 186	85 615	846 129	695 246,5
2 966	96 971	1 212 642	266 520,5

Wenn dein Kopf jetzt auf diese Weise qualmt, dann bist du sehr zu loben!

Wiederholungsaufgaben
Multiplizieren und Dividieren

1. Multipliziere schriftlich. Führe zu jeder Rechnung die Quersummenprobe aus!

a) 583 · 8	b) 4 897 · 74	c) 623 · 288
308 · 5	3 092 · 36	712 · 547

2. Achte darauf, beim Ergebnis das Komma richtig zu setzen.

a) 27,18 · 53	b) 48,7 · 40,5	c) 13,20 · 12
56,39 · 87	12,3 · 87,6	39,60 · 16

3. Teile schriftlich. Die Rechnungen gehen glatt aus. Mache die Probe!

a) 2 502 : 9	b) 1 188 : 27	c) 283,5 : 63
3 018 : 6	4 760 : 56	608 : 7,6

4. Teile schriftlich. Hier bleibt ein Rest!
Wie machst du die Probe?

348 : 45
803 : 78
2345 : 34
8567 : 24

5. Rechne flott im Kopf!

35,50 · 10	13,20 : 2
500 · 50	250 : 25
99,99 · 100	50,50 : 10
100 · 100	10 000 : 100

Lösungen

1. Hast du die Quersummenprüfung durchgeführt?

a) 4 664	b) 362 378	c) 179 424
1 540	111 312	389 464

2. So ist das Komma richtig gesetzt:

a) 1 440,54	b) 1 972,35	c) 158,4
4 905,93	1 077,48	633,6

3. Hier sind die Lösungen:

a) 278	b) 44	c) 4,5
503	85	80

4. Für die Probe:
Schau nach am 18. Tag.

7 R 33
10 R 23
68 R 33
356 R 23

5. Hast du richtig gerechnet?

355	6,6
25 000	10
9 999	5,05
10 000	100

Aufgaben für das Mathe-Diplom

25. Tag

Zeige, was du gelernt hast!

1. Rechne flott im Kopf! Schreibe nur die Ergebnisse auf.

a) $750 + 350$	b) $1\,010 - 25$	c) $4 \cdot 199$	d) $10000 : 20$
$998 + 200$	$15{,}5 - 1{,}5$	$200 \cdot 360$	$7730 : 100$

Punkte: ___

2. Schreibe richtig untereinander und rechne schriftlich.
Mache jeweils die Probe!

a) $560 + 3190 + 4 + 35{,}5$
b) $2\,000\,045 - 3578$
c) $89\,023 - 358 - 21{,}3$

Punkte: ___

3. Erledige die Aufgaben schriftlich. Rechne jeweils mit Probe!

a) $4\,805 \cdot 37$
b) $923 \cdot 6{,}5$
c) $1\,944 : 54$
d) $110{,}4 : 4{,}8 =$

Punkte: ___

4. Textaufgabe

Herr Winter verbraucht am Tag für das Frühstück, bestehend aus Brot, Butter und Käse 3 € 25. Für den Tee, den er täglich dazu trinkt, gibt er jeweils 45 ct aus. Wieviel macht das in der Woche, wieviel im Monat (30 Tage)?

Punkte: ___

Erreichte Gesamtpunktzahl: ___

Lösungen

1. Kopfrechenergebnisse: für jede richtige Rechnung einen Punkt

a) 1100	b) 985	c) 796	d) 500
1198	14	72 000	77,3

Punkte: 8

2. Für jedes richtige Ergebnis einen Punkt.

a) 3 789,5
b) 1 996 467
c) 88 643,7

Punkte: 3

3. Für jedes richtige Ergebnis gibt es einen Punkt.

a) 1 77 785
b) 5 999,5
c) 36
d) 23

Punkte: 4

4. Textaufgabe

Pro Woche gibt Herr Winter für Brot, Butter und Käse 22,75 € aus. Der Tee kostet 3,15 €. Zusammen ist das 25,90 €. Jm Monat (30 Tg.) ergibt alles zusammen 111 €.

Punkte: 1

Maximale Gesamtpunktzahl: 16

Stolz Verlag

Schneidhausener Weg 52, 52355 Düren, Tel. (02421) 5 79 79 info@stolzverlag.de

Deutsch

Geschichten zum Weiterdichten
3. bis 5. Schuljahr *Best.-Nr. 040*

Aufsatz-Trainer 3.- 5. Sj. *Best.-Nr. 066*

Am Ende des Regenbogens
Stundenbilder Aufsatz mit Kopiervorlagen für Grundschule *Best.-Nr. 073*

Der Schneemann im Kühlschrank (Bildergeschichten)
3. bis 5. Schuljahr *Best.-Nr. 143*

Mini-Bildergeschichten ab 2. Sj.
Wortschatz erweitern *Best.-Nr. 144*

Lesen, Verstehen, Schreiben
Förderunterricht Deutsch
ab 2. Schuljahr *Best.-Nr. 103*

Knack den Satzkern! ab 3. Sj.
Satzteilbestimmung *Best.-Nr. 099*

Satzbau Blödelmeister
Grammatik-Spiel *Best.-Nr. 162*

Workshop Grammatik 5./7. Sj.
Verben *Best.-Nr. 170*
Substantive *Best.-Nr. 171*
Adjektive *Best.-Nr. 172*
Zeichensetzung *Best.-Nr. 173*
das oder dass *Best.-Nr. 174*

Grammatik Grundwissen
ab Ende 3. Schuljahr, Orientierungsstufe
Band 1: **Wortlehre** *Best.-Nr. 060*
Band 2: **Satzlehre** *Best.-Nr. 061*

Grammatikstunde 5. bis 10. Sj.
Übungen und Lösungen *Best.-Nr. 062*

Lesetraining

ORIGINAL-LESETRAINING von Karin Pfeiffer
1. Schuljahr *Best.-Nr. 031*
2. Schuljahr *Best.-Nr. 032*
3. Schuljahr *Best.-Nr. 033*
4. Schuljahr *Best.-Nr. 034*
5. Schuljahr *Best.-Nr. 035*
6. Schuljahr *Best.-Nr. 036*
7. Schuljahr *Best.-Nr. 037*

Sachtexte lesen & verstehen
ab 5. Schuljahr *Best.-Nr. 106*

Lesetraining für Legastheniker
ab 2. Schuljahr *Best.-Nr. 126*

Da haben wir den Wortsalat
Besonders für Nachhilfe und FÖ ab 1. Sj.
Best.-Nr. 161

Rechtschreiben

„5-Minuten-Diktate“
Beim Üben mit diesen Heften fassen auch rechtschreibschwache Schüler wieder Mut.

2. Schuljahr *Best.-Nr. 017*
3. Schuljahr *Best.-Nr. 018*
4. Schuljahr *Best.-Nr. 019*
5. Schuljahr *Best.-Nr. 020*
6. Schuljahr *Best.-Nr. 021*
7. Schuljahr *Best.-Nr. 052*

Die besten Schmunzeldiktate
Grundschule *Best.-Nr. 011*

Die besten Schmunzeldiktate
ab 5. Schuljahr *Best.-Nr. 014*

Zwillingsdiktate 2. – 6. Sj.
Ein Text zum Üben, einer zum Prüfen!
Best.-Nr. 015

Lektüren & Co.

Freude an Reim und Rhythmus
Gedichte im Unterricht
3. bis 6. Schuljahr *Best.-Nr. 141*

TRAUMFABRIK-LITERATURBLÄTTER
Ergänzendes Übungsmaterial zur Lektüre; jedes Heft 32 Seiten DIN-A4.

Der Buchstabenvogel
1. Schuljahr *Best.-Nr. 184*

Mufti, der kleine freche Dino
ab 1. Schuljahr *Best.-Nr. 209*

Wie die Katze zum K kam
ab 1. Schuljahr *Best.-Nr. 208*

Sofie macht Geschichten
ab 1. Schuljahr *Best.-Nr. 108*

Der Findefuchs
ab 2. Schuljahr *Best.-Nr. 028*

Hanno malt sich einen Drachen
ab 2. Schuljahr *Best.-Nr. 189*

Die Olchis sind da
ab 2. Schuljahr *Best.-Nr. 205*

Igel komm, ich nehm dich mit
ab 2. Schuljahr *Best.-Nr. 185*

Das Schlossgespenst
ab 2./3. Schuljahr *Best.-Nr. 093*

Mein Freund Ringo
ab 3. Schuljahr *Best.-Nr. 186*

Das Vamperl
ab 3. Schuljahr *Best.-Nr. 159*

Ben liebt Anna
ab 3. Schuljahr *Best.-Nr. 196*

Umsonst geht nur die Sonne auf
ab 3. Schuljahr *Best.-Nr. 216*

Sonst bist du dran
ab 3./4. Schuljahr *Best.-Nr. 215*

Starker-Sohn und Schwester
ab 4. Schuljahr *Best.-Nr. 192*

Mit Clara sind wir sechs
ab 5. Schuljahr *Best.-Nr. 187*

Ich bin ein Stern
ab 5. Schuljahr *Best.-Nr. 188*

Rennschwein Rudi Rüssel
ab 5. Schuljahr *Best.-Nr. 222*

Die Sonne bleibt nicht stehen
ab 5. Schuljahr *Best.-Nr. 221*

Insel der blauen Delphine
ab 6. Schuljahr *Best.-Nr. 194*

Alle zugehörigen Lektüren können über den Stolz Verlag bezogen werden. Bei Anschaffung von Klassensätzen sind Nachlässe möglich.

Mathematik

Schmunzelmathe Textaufgaben
Schritt für Schritt; mit Lösungen
1./2. Schuljahr *Best.-Nr. 094*
3./4. Schuljahr *Best.-Nr. 095*

Fit im Rechnen Grundschule
Üben und Wiederholen – mit Selbstkontrolle
Der Zahlenzauberer 1 *Best.-Nr. 211*
Der Zahlenzauberer 2 *Best.-Nr. 212*
Der Zahlenzauberer 3 *Best.-Nr. 213*
Der Zahlenzauberer 4 *Best.-Nr. 214*

Die Einmaleins-Maus im Hunderterhaus ab 2. Schuljahr
Best.-Nr. 710

Grundrechenarten – tägliche Kurzübungen ab 5. Schuljahr
Best.-Nr. 247

Bruchrechnen
Grundlagenübungen, systematisch
Best.-Nr. 154

Geometrische Übungen GS
Übungen mit Selbstkontrolle, ab 3. Sj.
Best.-Nr. 121

Übungen Geometrie ab 5. Sj.
Basiswissen für die Orientierungsstufe
Best.-Nr. 168